Coleção Memória e História

Luiz Schwarcz

MINHA VIDA DE GOLEIRO

15ª reimpressão

Companhia das Letrinhas

COLEÇÃO MEMÓRIA E HISTÓRIA

Ilustrações de Maria Eugênia

17 é tov!, Tatiana Belinky

Do outro lado do Atlântico, Pauline Alphen

Flor do cerrado: Brasília, Ana Miranda

Fotografando Verger, Angela Lühning

A história dos escravos, Isabel Lustosa

Histórias de avô e avó, Arthur Nestrovski

Imigrantes e mascates, Bernardo Kucinski

Minha vida de goleiro, Luiz Schwarcz

Nas ruas do Brás, Drauzio Varella

Tomie: cerejeiras na noite, Ana Miranda

*Este livro foi escrito graças
à Lili, minha mulher,
para a Júlia e o Pedro, meus filhos,
e em homenagem a André e Mirta, meus pais,
e a Lajos, Jolán, Józi e Mici, meus avós.*

Sumário

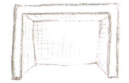

A mesa dos sonhos e a parede dos desafios 9

Escondendo o jogo 23

O mundo em guerra 35

Apêndice — Um pouco de história 43

No começo eu achei que iria ser um grande centroavante. Como vocês verão, ou melhor, já viram pelo título do livro, as coisas não se deram bem como eu previa. O primeiro jogo "oficial" da minha vida talvez tenha sido o responsável pela minha ilusão: Colégio Rio Branco, quadra do meio, 3º primário A × 3º primário C. No fim do jogo minha camisa suada e suja era apenas um dos troféus de uma estreia promissora. Meu sorriso tentava trair-me e avisar ao mundo que eu fizera um gol; o outro foi do Paulo Demetri, que depois do primário nunca mais vi, e a quem dei ainda um passe (hoje chamado de "assistência") para o outro gol do nosso time. O arranhão no joelho eu quase deixei infeccionar; olhava para ele com o maior orgulho, como se fosse uma medalha que antecipava uma vida de muitos gols e muita alegria.

Não lembro muito bem quando tudo isso mudou, e evitar a alegria dos artilheiros passou a ser o meu grande prazer, ou melhor, a minha especialidade.

Arrisco dizer que tudo começou com uma mudança na vida do meu pai. Talvez esteja certo, talvez não, mas é assim que eu lembro agora, e é assim que será, pois em livro de memórias não há tempo para perder com verdades tão pequenas.

A mesa dos sonhos
e a parede dos desafios

Na pré-história da minha vida de goleiro eu morava em um apartamento grande com meus pais e sem irmãos. Eles nunca entrarão neste livro, pois não chegaram a nascer. Não foi por falta de esforço de minha mãe, que por duas vezes carregou filhos na barriga durante muitos meses. Um chegou a ter nome e enxoval — e, depois eu soube, até enterro ele teve. Meus pais sofreram muito, mas eu era muito pequeno e, se percebi a dor deles, nem sabia o que se passava, o quanto eles sentiam a perda desse irmão que não pude ter.

Morava. Pois um dia deixei de morar. Mudamos para um apartamento menor, no mesmo bairro, seguindo uma decisão do meu pai de mudar de emprego. A vida segundo meus pais seria mais difícil no começo e mais feliz logo mais. Foi assim que eles disseram com um misto de orgulho e apreensão. A minha preocupação era uma só: a mesa onde debruçava todas as minhas fantasias, onde jogava o meu tempo e perdia a noção das horas. Fiz meus pais jurarem que no novo apartamento haveria espaço para uma mesa que nas horas vagas serviria para as refeições e no resto do dia seria, como sempre foi, o meu campo de futebol de botão.

Exigência feita, promessa cumprida. O novo apartamento era menor, mas a mesa dos meus sonhos, que coube apertada, foi para lá conosco. E as minhas tardes puderam ser as mesmas. Como em um passe de mágica, depois do almoço a madeira escura virava, na minha imaginação, um gramado verde, lindo, onde eu plantava meus times de futebol de botão, também coloridos, feitos de um plástico duro, trazendo uma foto dos jogadores no meio, bem diferentes dos de hoje, muito mais velozes mas tão impessoais. Olhando o rosto dos jogadores, eu os dispunha na mesa, e depois do apito inicial, que eu mesmo dava, assumia suas identidades, do goleiro ao ponta-esquerda — eu era o time todo: o adversário, o juiz e, o mais importante, o locutor que narrava cada lance com a emoção de um fanático torcedor. Naquela mesa eu vivia os jogos mais incríveis e esquecia, em meio a essa multidão de jogadores, locutores, espectadores, juízes e torcedores, que eu estava brincando sozinho.

A minha intimidade com o futebol e a emoção que sinto, até hoje, a cada jogo que vejo, nasceram com certeza naquela mesa — quem diria, uma mesa, do tamanho de um estádio de futebol, um Pacaembu, um Maracanã, dentro da sala de jantar de um apartamento tão pequeno, e que ficaria ainda menor no dia em que minha mãe começou a costurar saias, já que o dinheiro andava curto e ela precisava ajudar meu pai. A mesa deixou de ser minha, foi invadida por

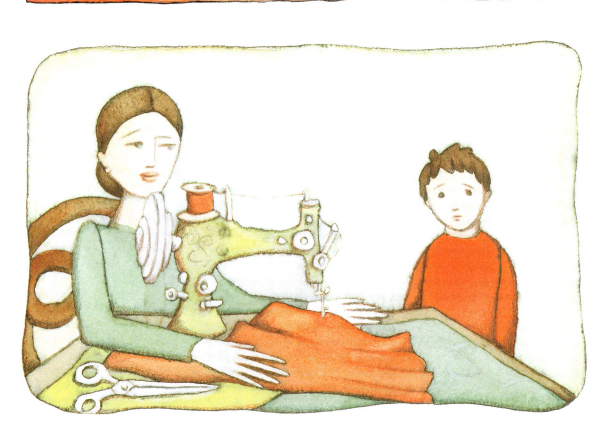

uma máquina de costura horrorosa, e o Maracanã voltou para o Rio de Janeiro, o Pacaembu não ficava mais ali; e como eu e meus jogadores nos recusássemos a jogar no chão, acabei engavetando meus times e trocando a mesa por uma parede, o que logo mais explico melhor, antes que vocês pensem que eu sou, ou sempre fui, completamente louco. Antes disso, um pouco da história da minha mãe, essa que algumas linhas acima invadiu a minha praia, ou melhor, o meu campo de futebol.

Atual invasora, ou costureira, como queiram, minha mãe foi, antes de tudo, uma pequena iugoslava que nasceu em Zagreb, às vésperas da que talvez tenha sido a maior guerra de todos os tempos, a Segunda Guerra Mundial, e que marcou tanto a minha vida, pelas histórias que ouvia, que vou contá-las já, aqui.

A primeira é a história de uma fuga, talvez a primeira lembrança da minha mãe. Numa das tardes em que parei de jogar botão para ouvir sobre a sua vida, ela me contou da noite em que sua mãe lhe falou que iriam fugir dos alemães, pois eles perseguiam os judeus e estavam se aproximando da cidade onde viviam. Meu avô arrumara documentos falsos e ela precisava memorizar, a partir de então, que o seu novo nome era Maria, e não Mirta, como era conhecida há três anos, isto é, desde o dia em que tinha nascido.

Maria, Maria, Maria, Mirta não, Maria, Maria, Maria, a pequena menina passou aquela noite apavorada, com medo de confundir seu nome, de denunciar a farsa que seus pais criaram para fugir para a Itália, dominada pelos fascistas — aliados dos nazistas — mas onde os judeus não eram mandados para os campos de concentração, que era o nome dos lugares

Minha mãe com meus avós em Zagreb.

onde os alemães prendiam e depois matavam os judeus, asfixiados em câmaras de gás.

    O dia seguinte na estação de trem não foi mais fácil. A cada soldado que via, ela repetia baixinho: Maria, meu nome é Maria, até que um ouviu-a balbuciar e perguntou: O que você disse? Ela ficou muda. Qual é o seu nome? Silêncio. Sua mãe, vendo o perigo, falou sem perder tempo: Maria, o que é isso, responda ao guarda, não ouviu? Olhando para o chão, com a voz embargada de medo e dúvida, ela finalmente falou: Maria, esse é meu nome, Maria, e esses são os meus pais. O soldado pediu os documentos, checou os nomes cristãos e deixou-os seguir em direção ao trem que já estava apitando e apontando o bico na direção da Itália.

Em Milão, Mirta viveu alguns dos momentos mais felizes de sua vida.

Trens não faltariam na vida da minha mãe e dos meus avós, de 1941 a 1947, enquanto viveram na Itália. Foram do Norte ao Sul, passaram por meia dúzia de cidades ou campos de refugiados, mudaram de vida quase todos os anos, com o destino controlado pelas autoridades italianas, até o fim da guerra, em 1945, quando já se encontravam praticamente livres, vivendo em Milão. Apesar disso comemoravam, a cada dia, a fuga da Iugoslávia e a sobrevivência longe do nazismo, mesmo nos dias vividos dentro de um trem, que os levava novamente a uma cidade desconhecida, ou a um abrigo, ou a um grande barraco onde teriam de viver por um tempo que em nada dependia da sua vontade.

Minha mãe lembrava — eu sentado ao seu lado com a cabeça apoiada nos braços, e os braços afundados na minha mesa, aquela — da noite em que chegaram ao campo de Ferramonte, minha avó com o rosto colado na janela do trem, olhando a cidade que parecia uma maquete, tão feia, a chuva disfarçando suas lágrimas e dúvidas.

A cada mudança meu avô inventava uma nova ocupação: tradutor, vendedor de peças de relógio, contrabandista de alimentos... e assim, até chegar a Milão, ainda antes da derrota final dos alemães, tinha economizado algum dinheiro, o suficiente para comprar um modesto apartamento, um verdadeiro palacete aos olhos da minha mãe.

Milão era sempre a cidade mais feliz nas lembranças da sua infância italiana. Além de ser uma cidade grande onde viveram em liberdade, a imagem da festa do dia em que a guerra terminou se misturava com as recordações do pátio de seu prédio, das ruas, do bonde e da escola que frequentou pela primeira vez sem medo de ter de faltar, para sempre, num dia seguinte qualquer, no qual partiriam para outro lugar. E por lá ficaram alguns anos, acho que três, sem que minha mãe desconfiasse que meu avô só pensava em partir. Embora a Itália e os italianos nunca os tivessem maltratado, e apesar da felicidade com o fim da guerra e com a casa própria — o pequeno apartamento da via San Maurillio, nº 11 —, meu avô não conseguia esquecer que a Itália ficava na Europa e que a Europa tinha sido o palco do nazismo. A angústia desse passado tão próximo o acompanhava como uma sombra que incomodava, sem deixá-lo sentir a liberdade, que nada mais era que um cotidiano sem nenhuma surpresa. A Palestina, os Estados Unidos, a Argentina ou mais remotamente o Brasil representavam para ele o futuro, enquanto minha mãe, sem talvez entender o que significava *futuro*, achava que Milão era onde sua vida iria ficar.

Foi nesse ponto que uma tarde minha mãe parou sua história, desligou a máquina de costura e, depois de cobrir a mesa da sala com uma toalha, dirigiu-se à cozinha para preparar o jantar. Fui para o meu quarto pensando em tudo o que ouvira, em como não me dera conta do tempo que passara ouvindo minha mãe falar, e entre zonzo e extasiado lembrei com saudade e culpa do meu jogo de futebol de botão guardado numa caixa apertada, sem uso há dias. Pensando ao mesmo tempo com carinho na minha mãe ainda menina e nos meus jogadores, companheiros de tantos jogos gloriosos na minha imaginação, quase sem querer chutei uma bola de couro que bateu na parede e voltou aos meus braços, os quais automaticamente, imitando os goleiros dos times de botão, se fecharam, realizando uma defesa tão impensada quanto teatral.

Se este livro se chamasse *Nasce um goleiro*, ele só poderia começar com a cena que acabo de descrever. Um chute à toa, a bola nos meus braços e a descoberta de

Gilmar, o lendário goleiro do meu time: o Santos Futebol Clube.

que uma simples parede me proporcionaria grandes emoções: foi assim que começou minha vida de goleiro. Outro chute, outra defesa, mais outro, mais outra, os chutes cada vez um pouco mais fortes e as defesas mais acrobáticas; fui perdendo aos poucos o medo de pular no chão de taco, ou melhor, aprendendo que a bola devia cair antes, bem presa em minhas mãos, aliviando o peso do corpo, que caía depois. Tudo isso, é claro, acompanhado do indispensável locutor imaginário, o mesmo que narrava bem alto os jogos de botão, e da torcida simulada com outra entonação de voz, que vibrava em uníssono a cada defesa.

Nada poderia ser mais diferente de um campo de futebol do que meu pequeno quarto, que tinha espaço no máximo para uns quatro passos, para um lado ou para o outro, e só uma parede livre — aquela —, com um metro de altura, acima da qual ficava uma janela. As pequenas dimensões do quarto, a implicância inicial da minha mãe com o barulho contínuo e o perigo da janela não foram suficientes para impedir a nova ocupação, que passei a combinar com as conversas sobre a guerra, das quais não conseguia mais me desligar. Acho mesmo que o meu interesse por elas e a culpa que a minha mãe sentia pela minha solidão foram o que a impediu de proibir o meu "futebol de parede", se é que podemos chamar um jogo tão complexo, assim.

Também não posso dizer que meu novo jogo não tenha me trazido problemas. Passei a ter um inimigo, o meu primeiro inimigo: um senhor gordo e mal-humorado que, não sei por que cargas-d'água, respondia a cada bolada na minha parede com uma vassourada no teto do seu apartamento, que por uma infeliz coincidência ficava embaixo do meu. Talvez como ele também precisasse de algo para preencher sua vida, curiosamente nunca passou das vassouradas para uma reclamação mais eficaz a meus pais, o que certamente decretaria o fim do meu futebol. Acho que ele queria preencher o silêncio de sua vida vassourando o teto, para ter uma questão com a qual se chatear, ou até uma forma de se comunicar com alguém neste mundo, mesmo que o seu meio de comunicação fosse tão simples como uma vassoura. Por precaução passei a evitá-lo ao entrar no prédio ou no elevador, e nossa guerra, nem tão silenciosa, nunca encontrou outra forma de expressão.

Calculo que eu devia ter uns oito anos quando minha atividade de goleiro e minha guerra com o vizinho gordo começaram. Com a mesma idade, minha

mãe não sonhava mais com a guerra real, que já acabara, até o dia em que seu pai logo de manhã lhe disse que deixariam a Itália com destino ao Brasil. Sua reação foi imediata: imaginou que a guerra recomeçara e que estavam novamente fugindo dos nazistas, agora para tão longe Deus sabe o porquê. Chorando, ouviu as explicações do meu avô, que cansado de esperar pelo navio para a Palestina ou o visto de entrada para os Estados Unidos acabara decidindo emigrar para o primeiro país que aceitara os judeus. Mais uma viagem, esta de navio, bem mais longa agora; e o desconsolo de minha mãe só não era maior que o da minha avó, revoltada com a escolha do Brasil, país que, a muito custo meu avô teve de explicar, não era habitado só por índios e chimpanzés.

Não sei se este é um mal de todas as mães, mas a minha gostava muito de ditados: "O que não tem remédio, remediado está", ela dizia para expressar o seu espírito ao entrar no navio que os traria ao Rio de Janeiro, em uma viagem prevista para durar quinze dias mas que durou muito mais. No fundo eu pensava que não era bem isso que ela devia estar pensando ao se despedir de Milão; afinal, ao ouvir a sua história eu tinha mais ou menos a mesma idade que ela ao partir, e eu nunca diria: "O que não tem remédio...". Imaginava-a chutando as malas, chorando e maldizendo meus avós, a guerra, o Brasil, o mar... Era como se eu separasse a mãe que naquele momento me contava a história, da filha que a protagonizava e cuja história eu acompanhava com tanta atenção.

Bonde carrega foliões de um Carnaval carioca na década de 40.

O navio deve ter sido um tédio e o tédio deve tê-la ajudado a se conformar mais uma vez com a mudança e até a ansiar pelo dia da chegada ao Brasil, que com os problemas do navio no percurso acabou ocorrendo em plena Quarta-Feira de Cinzas, fim do Carnaval do ano de 1947. O susto de minha avó não poderia ter sido maior. O porto do Rio quase deserto, nenhum tipo de condução disponível nas ruas, a eles só restando agir como aqueles típicos imigrantes retratados pelos pintores, sentados sobre as malas a olhar sua própria chegada. O que viram foi um espetáculo para eles tão bizarro quanto incompreensível. As pessoas andando a esmo quietas depois da festa recém-terminada, ou cantando, sem querer parar, uma última canção, ou ainda bêbadas, abraçadas aos pilares dos bondes, de pele escura e torso nu. Não preciso dizer que minha avó quis voltar de imediato para a Europa. Também não preciso dizer que ela não voltou.

A história da minha mãe não para por aí. Mas neste livro terá de parar. Pelo menos por enquanto. Tudo o que aconteceu depois da cena que encerrou o capítulo anterior até ela ter um filho goleiro fica por conta da imaginação do leitor, até porque ainda precisam entrar no livro personagens muito importantes; entre eles: meu pai. Mas, antes dele, um pouco mais de futebol.

Escondendo o jogo

Os jogos com a parede, ou contra mim mesmo, me incentivaram a sonhar em "fechar o gol", um gol de verdade, de preferência com rede e tudo, aquela rede branquinha, que agarraria a bola se ela passasse por mim, o que na minha imaginação eu esperava que nunca iria acontecer, nunca mesmo. Mas como os nuncas às vezes fraquejam, melhor me ver buscando a bola abrigada pela rede do que sofrendo a suprema humilhação de tomar o gol e ainda buscar a bola lá longe.

Aos sábados, quando saía com meu pai de carro, a passeio pela cidade, pedia para nos afastarmos um pouco do centro e como que por acaso, ao ver um campo de futebol de terra, que nós naquela época chamávamos de campo de "várzea", pedia para acompanhar o jogo, sempre me imaginando na posição do goleiro, que então trajava roupas pretas e jogava na área do campo onde a terra era mais dura, sem sinal de que alguma grama tivesse algum dia habitado por ali. Meu pai não sabia o que se passava na minha cabeça quando víamos os jogos, agachados, em silêncio, à beira do campo, como se estivéssemos vendo uma grande final, e não um jogo mais que qualquer. Não via o mesmo jogo que eu, ou melhor, não sabia que eu assistia aos jogos como se estivesse jogando naqueles gols. Meu pai não se apercebera ainda dos meus pendores de goleiro; e quando se apercebeu, infelizmente não gostou.

Tudo por culpa de um doutor, o meu pediatra, cujo nome faço questão de esquecer e que um dia olhou para mim, pouco mais que um bebê, e declarou: esse baixinho asmático aí não passará nunca da altura da mãe. Meu pai, que olhava para minha mãe e a via uns vinte centímetros lá embaixo, encheu-se de frustração e jurou para si mesmo que ia fazer de seu filho um homem alto. Para isso jogou-me desde pequeno numa piscina e decretou que a natação seria "o meu esporte". Nadei anos a contragosto, treinei todos os tipos de nado e, como não queria chatear meu pai, tão empenhado em me fazer crescer, contei com a colaboração das piscinas para disfarçar dele o meu choro.

No entanto, no dia em que me enchi de coragem e lhe contei que gostava de jogar no gol e que queria praticar no clube, com os garotos mais velhos e até com os velhos mesmo, que jogavam seu futebolzinho aos domingos e que já haviam notado o meu talento e o meu gosto raro pela posição de goleiro, o que ouvi foi o mais sonoro NÃO da minha curta vida. Qualquer esporte menos esse, qualquer posição menos essa, ele disse, e foi logo me falando das qualidades da natação, do basquete, do vôlei, do judô... esportes que me fariam crescer e que

cheguei a praticar oficialmente, inscrito nos times do clube pelo meu pai, empenhado em me afastar do futebol, ou melhor, do gol. O futebol eu praticava escondido, durante os recreios e no time da classe, na escola; e, nas férias, no clube, para onde ia todos os dias, de ônibus elétrico, levando o calção, que eu molhava na torneira do vestiário antes de voltar para casa, para provar que passara o dia nadando, obedecendo ao meu pai, na sua missão de livrar-me do destino de baixinho.

    Foram férias solitárias mas inesquecíveis: sinto agora, ao escrever, a ansiedade que me tomava, sentado no ônibus no caminho de ida, o ônibus quase um

No time de basquete da Hebraica, eu sou o primeiro agachado à direita.

brinquedo preso por um fio nos ares, cruzando a rua Augusta a vinte quilômetros por hora, enquanto eu voava pensando nos jogos que faria, nos times me disputando para ser seu goleiro, nas defesas... Lembro também da volta no mesmo ônibus, na mesma rua, e sinto a culpa da mentira expressa na minha face e disfarçada no calção. Não que meu pai fosse um homem bravo, mas desagradá-lo me era penoso.

Ao contrário da minha mãe, ele pouco falava de si, do seu passado. Era carinhoso e brincalhão, mas misturava momentos de alegria com um olhar melancólico, como se estivesse me protegendo da tristeza do passado, uma tristeza funda expressa pelo seu silêncio recorrente. Nesses momentos aprendi que o silêncio pode ser mais expressivo que as palavras e nunca ousei perguntar-lhe nada da sua história. Minha mãe me contara que ele sofrera muito na guerra e que tudo o que ela sabia era que meu pai fugira, empurrado por seu pai, do trem que os levava para o campo de extermínio de Bergen-Belsen, de onde meu avô nunca mais voltou. Essa era toda a história da sua vida que eu conhecia, além do seu silêncio ou das histórias que construí para preencher o seu passado na minha imaginação.

    Imaginava meu pai no papel de vários heróis. O curioso é que podiam ser tanto heróis meus como dele. Imaginei certa vez que fugira do trem e fora lutar de soldado na guerra, como Kirk Douglas, um ator com quem ele guarda certa semelhança. Imaginei-o na Itália, cantor de óperas, vestido como o palhaço Rigoletto ou como o guerreiro egípcio Radamés, personagens de duas de suas óperas favoritas. Fantasiei heróis de todos os tipos para cobrir o silêncio do meu pai sobre o seu passado: só não fui capaz de imaginá-lo na pele dos meus dois

National Kid: um herói muito diferente do meu pai.

heróis favoritos da televisão da época. Meu pai não poderia nunca ter sido o Bat Masterson, o elegante justiceiro de bengala e cartola, pois não nascera no Velho Oeste, nem poderia ter sido o National Kid, pois não tinha olhos puxados, nem voava ou combatia os extraterrestres Incas Venusianos. Às vezes temos que nos conformar com alguns limites para a nossa imaginação.

Certo dia meu pai quebrou o silêncio sobre o seu passado. Ele acabara de voltar da Europa, chamou-me no seu quarto e leu para mim um artigo que um amigo, a quem ele não via desde a guerra, lhe entregara em Viena, um amigo que talvez fora o último a ver o pai de meu pai ainda com vida no campo de concentração. Só nesse encontro meu pai soube que seu pai não fora levado às câmaras de gás, mas morrera de fome e fraqueza, sem conseguir voltar para casa, já com a guerra terminada. O artigo publicado num jornal local chamava-se "A casa da estrela amarela"; não falava da morte do meu avô, mas da sua coragem em vida. Com grande emoção e o seu português cheio de erros, meu pai traduziu parte da sua história contida naquele texto, a história da casa em que vivia, que abrigava uma sinagoga clandestina, aonde os judeus de Budapeste iam rezar escondido sob o comando do meu avô, um simples tapeceiro que acreditava mais em Deus do que temia a morte.

Depois desse dia meu pai pouco ou nada falou sobre si. Não sei se pela emoção da conversa, pela proximidade que senti ao saber um pouco mais sobre ele, ou se porque não aguentava mais mentir a cada jogo, resolvi investir e dizer-lhe que meu destino ficava mesmo debaixo das traves, e como eu queria que ele me visse jogando, sentisse orgulho do meu destemor em pular e, com a bola nas mãos ou longe das redes, cair no chão duro sem me machucar. Não era nada comparável à bravura e ao romantismo dos heróis com os quais eu identificava o meu pai, e menos ainda à coragem do meu avô; mas era o que estava a meu alcance, naquela época já um ex-baixinho. Medindo-me com um olhar de fita métrica e orgulhoso com o que configurava o erro de previsão do maldito pediatra, meu pai consentiu, tirando a minha vida de goleiro definitivamente da clandestinidade.

"No Velho Oeste ele nasceu, e entre bravos se criou... Bat Masterson, Bat Masterson..."

Passei então a jogar oficialmente pelo time do clube, pelo time da classe, e mais tarde pela seleção do colégio. O calção, nas férias, eu continuei molhando na torneira, pois

meu pai, mesmo tendo concordado com o futebol, fazia questão de que eu continuasse nadando. Não consegui, no entanto, que ele se interessasse pela minha atividade goleirística a ponto de me acompanhar, ou mesmo assistir, a algum dos meus jogos. Isso só foi acontecer algum tempo depois, e tenho que dizer, de forma desastrosa.

Na época o meu melhor amigo se chamava Fábio. Fábio Feldmann. Além disso, sua irmã era a minha melhor amiga, seus pais os melhores amigos dos meus pais, enfim, uma amizade para valer, cercada de encontros, festas, programas de fim de semana, comilanças e dramas comuns, como não podia deixar de haver em se tratando de duas famílias tipicamente judaicas. Pois não é que a família Feldmann resolveu marcar a grande festa de bar-mitzvá do Fábio para o sábado em que eu deveria defender o time da minha classe contra a terrível 4ª série D? O bar-mitzvá, data em que os judeus comemoram a passagem de menino a adulto, é dos eventos familiares mais importantes em famílias como as nossas. Nesse dia se reza, se canta, se dança, ganham-se muitos presentes, e, como sempre, se chora de emoção e se come muito. Chorar de emoção e comer muito sem os amigos presentes, nem pensar. Como vocês já devem ter imaginado, fiquei revoltadíssimo com a família Feldmann. Marcar o bar-mitzvá do Fábio bem para esse dia era muita falta de consideração!

Em casa meus pais decidiram por mim: bar-mitzvá sim, jogo não. O que eles não contavam era com a minha determinação e, por isso, nem imaginaram que por baixo do terno de melhor amigo eu vestira e fora à festa com a roupa de goleiro do time da classe. Bem que minha mãe me achou meio gordinho, mas... No meio da comilança e

Meu pai e meu "tio" Jorge Feldmann cantando depois da comilança.

da dançaria apresentei ao meu pai um ultimato: ou eu saio da festa já e vou sozinho, ou você me leva daqui a meia hora e voltamos rápido sem ninguém perceber. Optando pela discrição, temendo um escândalo, meu pai me levou enfurecido ao jogo, e o pior: teve a oportunidade de ver o seu filho tomar os maiores frangos que ele jamais vira em uma partida de futebol. De terno, bufando à beira do campo, assistiu impassível a bola passar por mim oito vezes em direção ao gol, enquanto meu time estupefato me olhava sem me reconhecer.

Voltamos para a festa na surdina, em todos os sentidos: nem uma palavra foi dita naquele trajeto, da escola ao salão de festas, nem pelo meu pai e muito menos por mim. Enquanto isso eu pensava, ao lembrar as bolas passando entre as minhas pernas, nas razões do meu fracasso. O olhar do meu pai pela primeira vez, a vontade de provar-lhe o meu destemor, a culpa da fuga da festa e talvez o mais importante: a falta de uma peça no meu uniforme de goleiro — o MEIÃO. Não havia como vesti-lo por baixo do meu terno de melhor amigo. Só ali me dera conta de que um goleiro de meia soquete, sem MEIÃO, é como um cavaleiro sem armadura, ou pior, sem armadura e com sunga de bailarino e roupa collant. Que humilhação!

Depois desse evento muita coisa não aconteceu. Prossegui minha carreira de goleiro, passei a jogar quase todos os dias, melhorei bastante, fiz boas defesas e tomei lá os meus frangos, como não poderia deixar de ser. A idade foi chegando, o futebol sempre me acompanhando, mas a barriga também foi crescendo e a agilidade deixando de ser a mesma dos tempos da minha juventude. Tudo isso poderia fazer pensar que este livro estivesse chegando ao seu final, com o autor olhando para si mesmo, hoje, saudoso daqueles tempos que lhe parecem, ao escrever, quase gloriosos. Paciência, leitor, preciso confessar que não tendo mais muitos episódios futebolísticos para narrar, com alguma graça ou novidade, guardei para o final talvez o mais importante: o relato do dia em que meu pai me contou a sua história. Para ele separei o próximo capítulo, que começa já, a seguir.

O mundo em guerra

Quatro anos haviam se passado da festa e do jogo, desgraçadamente inesquecível, que contei no capítulo anterior. Eu tinha dezesseis anos, era uma sexta-feira, jantávamos em casa, meus pais, eu e a Lili, minha namorada, com quem começava a repartir toda a minha vida. Depois da bênção proferida no jantar de Shabat* e da comilança fomos todos assistir na televisão ao documentário *Mundo em Guerra*, que naquela noite relataria a história do gueto de Varsóvia, uma das mais tristes e heroicas da história judaica. Após o episódio todos olhamos para o meu pai, que além da sua ternura e tristeza habituais, mantinha os olhos cheios d'água, e de repente começou a falar.

Contou, com a voz quase firme, de quando foram buscar a ele e a seu pai, já em 1944, para levá-los ao campo de concentração. Suas irmãs e sua mãe foram

---

(*) Noite sagrada para os judeus, quando celebram o descanso de Deus depois da criação do mundo.

poupadas, Deus sabe o porquê. Na viagem de trem, o vagão apertado, sujo e entulhado de homens mais parecia um trem de gado, um trem cujo destino era do conhecimento dos que o comandavam e temido em silêncio pelos seus passageiros. Um defeito na engrenagem, um problema nos trilhos talvez, ninguém sabe por que aquele trem, por alguns minutos, parou. Parou o suficiente para que Lajos (Luiz em húngaro), o velho tapeceiro cujo nome herdei, notasse uma fresta na porta e por ela jogasse o seu filho, gritando: fuja, meu filho, corra, não olhe para trás, eu estarei bem. Meu pai fugiu, correu, não olhou para trás até chegar a uma fazenda próxima da estrada, onde se escondeu num monte de feno. Algum tempo depois os guardas o procuraram, enfiaram suas baionetas no monte de feno, as lâminas passando rentes ao seu mais absoluto silêncio. Por pouco este livro deixou de existir naquele momento. Os guardas acabaram desistindo e meu pai umas horas depois saiu de seu esconderijo. Escondeu-se atrás de um armário e imobilizou o fazendeiro pelo pescoço, exigindo trocar suas roupas de prisioneiro por roupas com as quais poderia voltar a Budapeste, sem ser reconhecido. Assim foi a volta de meu pai à casa paterna, embora tivesse se despedido, há pouco e para sempre, de seu pai, como eu disse, sem poder olhar para trás.

Em Budapeste passou a trabalhar para a Resistência contra os nazistas, distribuindo passaportes que eram falsificados pela sua irmã, para que os judeus pudessem fugir. Chegou a vestir um uniforme nazista, mas acabou sendo descoberto e enviado a um campo de trabalhos forçados, onde trabalhava pesado como prisioneiro, porém sem ameaça de morte. A oportunidade para fugir do campo surgiu, e meu pai, mesmo tendo que saltar as cercas de arame eletrificado, não hesitou. Voltou mais uma vez a Budapeste, sem documentos que pudessem provar que não era judeu. Ao chegar

Meu pai, um ano antes do começo da Segunda Guerra.

na estação de trem deparou com um grupo de soldados nazistas que vinha em sua direção. Também notou uma moça que nunca vira, caminhando, e imediatamente começou a beijá-la, simulando um encontro de dois velhos namorados. Até hoje ninguém sabe a identidade dessa moça, que salvou a vida de meu pai, já que os nazistas não lhe pediram os documentos, surpreendentemente, em respeito a uma cena de amor.

Continuamos ouvindo a história de meu pai, minha mãe tão surpresa quanto eu, e viemos a saber que depois disso, já no final da guerra, ele ainda fora preso, torturado e vira um colega de Resistência ser assassinado ao seu lado pelos guardas da prisão. A poucos dias do final da guerra, o sentimento de derrota entre os nazistas levou o carcereiro, que sabe-se lá por que razão simpatizara com meu pai, a lhe abrir a porta da cela e dizer quase como o seu pai no trem: foge, meu filho, foge.

O resto da história parece um pouco com a da minha mãe: depois da guerra meu pai foi para a Itália, queria imigrar para Israel, acabou como feirante no Rio de Janeiro. Essa mudança de destino, porém, ocorreu de um modo curioso. Enquanto esperava um navio que saísse para a Palestina, que era o nome de Israel na época, meu pai fazia uns bicos como figurante nos estúdios de cinema da Cinecittà — uma espécie de Hollywood italiana. Figurante é aquele ator que faz o papel de multidão, ou melhor, é mais uma das irreconhecíveis pessoas que formam uma multidão nos filmes, assim como na vida real. Lá, encontrou um velho amigo de Budapeste, e após mais um dia em que apareceram em meio a tantos outros rostos na filmagem de *Roma, cidade aberta* — o importante filme de Roberto Rossellini —, foram beber umas cervejas, com os trocados que ganharam. Foi quando meu pai contou ao seu amigo que seu desejo era ir para Israel, para ele a futura, nova e única pátria dos perseguidos judeus. Seu amigo contou-lhe que iria ao Brasil, onde o viver seria mais brando e a perspectiva de novas guerras bem menor. Na semana seguinte se encontraram novamente em meio à multidão de outro filme, e meu pai logo foi contando que mudara seu destino, convencera-se a imigrar

Numa praia próxima a Cinecittà, meu pai (à esquerda) e seu amigo.

para o Brasil. Seu amigo, comovido, com a voz embargada, mostrou-lhe uma passagem: comprara um lugar no primeiro navio que partiria para Israel.

A emoção de ouvi-lo aquela noite, aquela única noite, continua indescritível e soa tão mais frágil narrada aqui. Sempre desconfiei da capacidade das palavras, e agora tenho a prova: a história contada pela voz do meu pai, pelo seu olhar, é muito mais forte do que a que escrevi.

Hoje penso que o livro que agora está mesmo próximo do fim começou a ser escrito porque um dia eu resolvi que queria lembrar dos meus pais com o meu olhar de criança. Guardá-lo e mostrá-lo a meus filhos. Ao ver meus pais e avó hoje tão mudados, ainda busco reconhecer a mesma ternura e coragem em meu pai, a mesma energia e entrega em minha mãe, e a alegria e o companheirismo em minha avó. Meu avô materno, o outro personagem importante deste livro, que eu conheci, não está mais aqui. Mas lembro muito dele ao escrever estas linhas, abrindo os braços ao me ver, seu único neto, e dizer com os olhos cheios de generosidade, como se cada encontro fosse uma grata surpresa: OOHH CIAO!*

Neste livro eles foram os meus jogadores de botão. Com a diferença de que eu não os comandava. Sua vida e a minha memória ditaram o ritmo do jogo. Neste caso eu fui só o locutor, que agora, em cima da mesa, como no passado, olha para os seus jogadores e diz: "O TEMPO PASSA, TORCIDA BRASILEIRA".

(*) "Oi, como vai?", em italiano.

À esquerda, meus avós paternos; à direita, meus avós maternos, e no centro meus pais. Eu não apareço mas já estou na foto; na barriga da minha mãe.

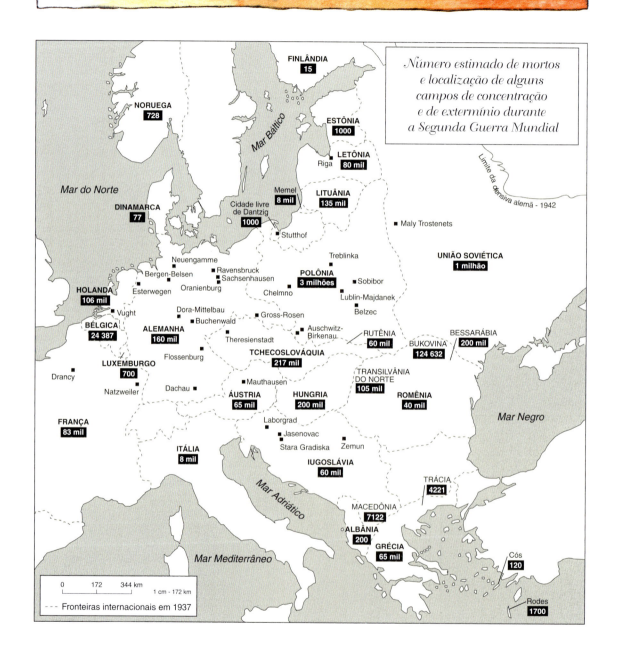

Apêndice*
Um pouco de história**

S e você quiser saber um pouco mais sobre a Segunda Guerra Mundial, um bom começo é lembrar que antes dela, entre 1914 e 1918, houve uma Primeira Guerra Mundial. Um dos países derrotados nesse primeiro combate foi a Alemanha, que, no Tratado de Versalhes, assinado em 1919, aceitou diminuir seu território e entrou em uma profunda crise econômica. Foi em tal contexto que, no mesmo ano, se criou em Munique o Partido Nacional-Socialista Alemão do Trabalho, também conhecido como Partido Nazista. Seu fundador chamava-se Adolf Hitler e era um ex-cabo do Exército alemão. Em 1923, Hitler tentou tomar o poder por meio de um golpe, mas não conseguiu. Acabou na prisão, onde escreveu *Minha luta*; nesse livro, expôs suas ideias, que resultaram no maior confronto mundial, com milhões de mortos.

No livro, ele defendia a superioridade da raça ariana (cujo exemplo mais perfeito

---

(*) Você sabe o que é um apêndice em um livro? É quando um livro terminou mas na verdade ainda não terminou. É um algo a mais que ele oferece a seus leitores.

(**) Com a colaboração de Júlia Moritz Schwarcz.

Durante a Segunda Guerra, placa indica a direção das cidades dos meus pais.

eram os alemães), mostrava-se contra o comunismo e contra os judeus — responsáveis em sua opinião pela crise da Alemanha —, e dizia ser importante para o país ampliar seu território e assim dominar o planeta com a raça mais pura. Hitler queria que todos os arianos fossem governados por um mesmo homem — ele, é claro —, constituindo um verdadeiro Império, denominado III Reich.

Sua prisão durou pouco tempo, infelizmente. E mais: alguns anos depois, em 1933, ele chegou ao poder, logo se tornando um ditador; acabou com todos os partidos políticos, sindicatos e jornais de oposição, dividindo o comando do país com a polícia política, a Gestapo, e outras milícias, como a SS e a SA. De imediato ordenou a perseguição contra os judeus, que perderam seus empregos no governo e nas universidades, e mais tarde tiveram suas lojas saqueadas e suas propriedades confiscadas. Logo a seguir, em 1935, foram proibidos de casar com alemães e deixaram de ser considerados cidadãos comuns. Junto com os comunistas e os homossexuais, eles foram presos em guetos, não podendo circular livremente, nem frequentar bibliotecas ou parques públicos, além de serem obrigados a andar com uma faixa amarela no braço para que todos os reconhecessem como os inimigos da nação.

Nessa mesma época, o Exército da Alemanha cresceu. Em 1936, o país enviou tropas para a Renânia, região próxima à França, e em 1938 invadiu a Áustria, habitada, segundo Hitler, por um povo cuja raça era tão pura quanto a alemã. Também em 1938, anexou parte da Tchecoslováquia, dizendo que lá vivia uma parcela do povo alemão.

O mundo assistia à expansão da Alemanha com apreensão, mas só reagiu de fato quando, em 1939, desobedecendo a um acordo de não agressão que havia feito com a União Soviética, Hitler invadiu a Polônia. A reação partiu da Inglaterra e da França, e assim começou a Segunda Guerra Mundial.

A guerra se estendeu por seis anos e teve como principais combatentes Alemanha, Itália e Japão de um lado, que formavam o Eixo, e Inglaterra, União Soviética, França e Estados Unidos de outro, os Aliados.

A primeira fase, até 1941, caracterizou-se pelas vitórias do Eixo, que invadiu também Dinamarca, Noruega, Holanda, Bélgica, França e parte da União Soviética. Uma das grandes conquistas aconteceu em 1940, quando a França foi ocupada pelos nazistas. De 1941 a 1943, houve um *equilíbrio de forças*. A Alemanha tentou atacar a Inglaterra sem sucesso, mas obteve algumas vitórias no início da invasão à União Soviética, com quem já rompera o acordo de não agressão mútua. Ainda em 1941, a tensão se deslocou para o Pacífico, com o bombardeio, pelos japoneses, da base naval americana de Pearl Harbor, o que levou os Estados Unidos a

Meu avô, com a estrela de davi no braço, desafia a ordem e vai a uma igreja cristã.

entrarem na guerra. Em 1943, o Eixo sofreu uma grave derrota na União Soviética, na famosa Batalha de Stalingrado, a partir da qual o curso da história pendeu definitivamente para os Aliados, colocando os países adversários na defensiva em várias frentes.

As vitórias dos alemães no princípio da guerra se fizeram acompanhar de medidas antissemitas, de opressão e morte, em muitos países da Europa Oriental. Sob o comando dos esquadrões de morte — SS —, confinaram-se e mataram-se populações inteiras de judeus, de ciganos e de outras minorias. Em 1942, os líderes nazistas decidiram realizar o que chamaram de "solução final" da questão judaica, isto é, a eliminação dos judeus da Europa, enviando-os aos campos de concentração ou de extermínio. Os mais conhecidos são os de Auschwitz, Treblinka, Sobibor, Bergen-Belsen, Dachau e Birkenau, nomes inesquecivelmente trágicos na memória dos judeus. Calcula-se que 13% da população judaica da Europa foi assassinada nesses locais. Na Itália, a opressão aos judeus revelou-se mais branda, e na Hungria os judeus foram mandados para os campos de concentração somente em 1944, já quase no final da guerra, no entanto em número assombrosamente alto.

Crianças presas em um campo de concentrazção na Polônia.

A última fase da guerra, de 1943 a 1945, justamente quando os judeus foram levados aos campos, caracterizou-se, no aspecto militar, por uma série de vitórias dos Aliados, com a rendição da Itália, a libertação de vários países do Leste europeu pelo Exército da União Soviética, o Exército Vermelho, e finalmente com a libertação da França. Em abril de 1945, Hitler se suicidou com sua companheira, Eva Braun, e em maio os Aliados conquistaram Berlim. No dia 6 de agosto, com o bombardeio atômico de duas cidades japonesas e praticamente a dizimação da população de Hiroshima, Nagasaki e arredores pelos americanos, o Japão capitulou e a Segunda Guerra Mundial chegou ao fim.

Calcula-se que nessa guerra morreram aproximadamente 50 milhões de pessoas, civis e militares — 20 milhões de russos, 6 milhões de judeus, 5,5 milhões de alemães, 1,5 milhão de japoneses... Que tristeza.

Créditos

Para a elaboração deste texto consultaram-se os seguintes livros: *História geral das civilizações*, de Maurice Crouzet, vol. 16 (São Paulo, Difel, 1973), *História contemporânea*, de Jacques Néré (São Paulo; Rio de Janeiro, Difel, 1975), e *História moderna e contemporânea*, de Leonel Itaussu A. Mello e Luís César Anad Costa (São Paulo, Scipione, 1993), além da *Enciclopédia Barsa Britânica*.

As imagens das pp. 12, 14, 26, 31, 37, 39, 41 e 45 estão no Álbum de Família do autor. A foto da p. 16, que mostra o goleiro Gilmar, do Santos, está no volume 4 de *A história ilustrada do futebol brasileiro* (São Paulo, Edobras, s/d). Agradecemos à Light — Serviços de Eletricidade S.A. por ceder a foto da p. 20. O herói da capa e da p. 28 é o japonês National Kid (Sato Co. Ltd.). A foto de Bat Masterson, na p. 29, é um detalhe da capa da revista *Aí Mocinho* nº 41, de julho de 1961. A capa e a p. 44 mostram soldados nos Bálcãs, c. 1941. A foto da p. 46 vem da Agência JB.

Copyright do texto © 1999 by Luiz Schwarcz
Copyright das ilustrações © 1999 by Maria Eugênia

Grafia atualizada segundo o Acordo Ortográfico da Língua Portuguesa de 1990, que entrou em vigor no Brasil em 2009.

Projeto gráfico e capa
SILVIA MASSARO

Pesquisa iconográfica
SILVANA JEHA

Preparação
MÁRCIA COPOLA

Composição
MARE MAGNUM

Dados Internacionais de Catalogação na Publicação (CIP)
(Câmara Brasileira do Livro, SP, Brasil)

Schwarcz, Luiz
  Minha vida de goleiro / Luiz Schwarcz ; [ilustrações de Maria Eugênia]. — 1ª ed.— São Paulo : Companhia das Letrinhas, 1999. — (Coleção Memória e História)

ISBN 978-85-7406-037-8

1. Literatura infantojuvenil. I. Eugênia, Maria. II. Título. III. Série.

99-1737   CDD-028.5

Índices para catálogo sistemático:
1. Literatura infantojuvenil 028.5
2. Literatura juvenil 028.5

Todos os direitos desta edição reservados à
EDITORA SCHWARCZ S.A.
Rua Bandeira Paulista, 702, cj. 32
04532-002 — São Paulo — SP — Brasil
☎ (11) 3707-3500
 www.companhiadasletrinhas.com.br
 www.blogdaletrinhas.com.br
 /companhiadasletrinhas
 @companhiadasletrinhas
 /CanalLetrinhaZ

A marca FSC® é a garantia de que a madeira utilizada na fabricação do papel deste livro provém de florestas que foram gerenciadas de maneira ambientalmente correta, socialmente justa e economicamente viável, além de outras fontes de origem controlada.

Esta obra foi composta em Adobe Garamond e impressa pela Gráfica Bartira em ofsete sobre papel Couché Matte da Suzano S.A. para a Editora Schwarcz em junho de 2024